¿POR QUÉ TENEMOS LEYES?

Jacqueline Laks Gorman
Consultora de lectura: Susan Nations, M.Ed.,
autora/tutora de lectoescritura/consultora

WEEKLY READER®
PUBLISHING

Please visit our web site at www.garethstevens.com
For a free color catalog describing our list of high-quality books,
call 1-800-542-2595 (USA) or 1-800-387-3178 (Canada). Our fax: 1-877-542-2596

Library of Congress Cataloging-in-Publication Data

Gorman, Jacqueline Laks, 1955–
    [Why do we have laws? Spanish]
    Por qué tenemos leyes? / Author: Jacqueline Laks Gorman;
    Spanish translation: Tatiana Acosta and Guillermo Gutiérrez.
       p. cm. — (Conoce tu gobierno)
    Includes index.
    ISBN-13: 978-0-8368-8853-9 (lib. bdg.)
    ISBN-10: 0-8368-8853-7 (lib. bdg.)
    ISBN-13: 978-0-8368-8858-4 (softcover)
    ISBN-10: 0-8368-8858-8 (softcover)
    1. Law—United States—Juvenile literature. I. Acosta, Tatiana. II.
Gutiérrez, Guillermo. III. Title.
    KF387.G6618   2008
    349.73—dc22   2007043609

This edition first published in 2008 by
Weekly Reader® Books
An Imprint of Gareth Stevens Publishing
1 Reader's Digest Road
Pleasantville, NY 10570-7000 USA

Senior Editor: Brian Fitzgerald
Creative Director: Lisa Donovan
Senior Designer: Keith Plechaty
Layout: Cynthia Malaran
Photo Research: Charlene Pinckney and Kimberly Babbitt
Spanish translation: Tatiana Acosta and Guillermo Gutiérrez

Photo credits: cover & title page Jim Arbogast/Getty Images; p. 5 Myrleen Ferguson Cate/PhotoEdit;
p. 7 © Bettmann/Corbis; p. 8 National Archives and Records Administration; p. 9 Shutterstock;
p. 11 Ron Edmonds/AP; p. 12 © Dylan Ellis/Corbis; p. 13 Jupiter Images; p. 15 Kayte Deioma/
photographersdirect.com; p. 16 © Michael Newman/PhotoEdit; p. 17 Jeff Cade/Getty Images;
p. 18 © Tim Pannell/Corbis; p. 20 © Bettmann/Corbis; p. 21 LWA-Dann Tardif/photographersdirect.com

Printed in the United States of America

1 2 3 4 5 6 7 8 9 10 09 08 07

CONTENIDO

Las palabras del glosario se imprimen en letra **negrita** la primera vez que aparecen en el texto.

CAPÍTULO 1

Seguir las reglas

Todos los días tenemos que respetar reglas en la escuela. Escuchamos a la maestra. No corremos por los pasillos. Guardamos silencio cuando otros hablan. La escuela sería muy diferente si no hubiera reglas. Los salones de clases serían muy ruidosos, y los estudiantes no aprenderían tanto como ahora. Algunos estudiantes podrían hacerse daño.

Las reglas que seguimos en la escuela son como las leyes que hace el gobierno. Las leyes son reglas que la gente debe respetar. Necesitamos leyes para asegurarnos de que todos reciben un trato justo. Además, las leyes contribuyen a nuestra seguridad.

En la escuela, los niños deben respetar las reglas. Escuchar a la maestra es una regla importante.

CAPÍTULO 2

Una nación necesita leyes

El área que es ahora Estados Unidos fue gobernada en el pasado por Gran Bretaña. Los británicos impusieron unas leyes con las que muchas personas que vivían en América no estaban de acuerdo. Los americanos deseaban tener sus propias leyes.

Por eso decidieron separarse de Gran Bretaña y formar su propio país. Para defender sus libertades combatieron en una guerra ¡y vencieron! Llamaron a su nueva nación Estados Unidos.

En 1787, los líderes de Estados Unidos se reunieron para redactar la Constitución.

Los líderes de la nueva nación tenían una difícil tarea por delante. Querían crear un gobierno nuevo que redactara leyes justas. Querían que el pueblo pudiera expresar su opinión sobre qué leyes se creaban. Los líderes redactaron la **Constitución de Estados Unidos**. La Constitución era un plan para el nuevo gobierno.

We the People of the United States

insure domestic Tranquility, provide for the common defence, promote the general and our Posterity, do ordain and establish this Constitution for the United States of

Article. I.

Section. 1. All legislative Powers herein granted shall be vested in a Congress of of Representatives.

Section. 2. The House of Representatives shall be composed of Members chosen in each State shall have the Qualifications requisite

No Person shall be a Representative and who shall not, when elected, be an Inhabit

Representatives and direct Taxes shall

La Constitución de Estados Unidos comienza con las famosas palabras: "Nosotros, el pueblo de Estados Unidos...".

La Constitución establecía un gobierno con tres partes, o ramas. Cada rama tenía una responsabilidad diferente. La **rama legislativa** redacta las leyes de la nación. Esta rama recibe el nombre de Congreso. El Congreso se compone del Senado y de la Cámara de Representantes.

La **rama ejecutiva** se encarga de aplicar las leyes. El Presidente está a cargo de esta rama del gobierno.

Los jueces y los tribunales son la **rama judicial**. Los jueces principales forman el Tribunal Supremo. Ellos deciden si las leyes aprobadas en Estados Unidos son justas y respetan la Constitución.

Los principales jueces de la nación se reúnen en el edificio del Tribunal Supremo, en Washington, D.C.

CAPÍTULO 3

Hacer las leyes

IS 61 LIBRARY

Cualquier miembro del Congreso puede proponer una nueva ley. A veces, los ciudadanos sugieren nuevas leyes a sus **senadores** y **representantes**. El Presidente también puede proponer una nueva ley al Congreso.

Los miembros del Congreso escriben las ideas para leyes nuevas en un **proyecto de ley**. Los senadores y los representantes estudian cada proyecto de ley y votan sobre él.

Un proyecto de ley es aprobado si la mayoría de los miembros del Congreso votan a favor. Después, el proyecto de ley pasa al Presidente. Si el Presidente lo firma, el proyecto se convierte en ley. Si el Presidente no está de acuerdo, puede no firmar. En ese caso, el proyecto sólo se convierte en ley si dos tercios de la Cámara y del Senado votan a favor.

En 2003, el Presidente George W. Bush firmó un proyecto de ley de protección a la infancia.

Los estados también aprueban leyes. Igual que el gobierno de Estados Unidos, cada gobierno estatal tiene tres ramas. El **gobernador** está a cargo del gobierno del estado. Además, cada estado tiene una rama legislativa que se encarga de hacer las leyes estatales. Los jueces del estado resuelven cuestiones relacionadas con las leyes. Las leyes aprobadas en un estado sólo son aplicables a los habitantes de ese estado.

Las leyes estatales establecen que los niños deben llevar cinturón de seguridad.

Las ciudades y los pueblos también aprueban leyes. Esas leyes hacen de la ciudad o del pueblo un lugar mejor donde vivir. A veces, los habitantes de una ciudad o un pueblo votan sobre un proyecto antes de que se convierta en ley. Las leyes estatales y locales no pueden ir en contra de las leyes nacionales.

Muchas ciudades y pueblos tienen leyes que obligan a los propietarios de animales a pasearlos con correa.

CAPÍTULO 4

Aplicar las leyes

El Presidente se encarga de aplicar las leyes aprobadas por el Congreso, y elige a muchas personas para que lo ayuden en esa tarea. Esos hombres y mujeres controlan los departamentos del gobierno. Supervisan la educación, la salud y otras áreas importantes. Las personas que trabajan en estos departamentos vigilan el cumplimiento de las leyes.

Quien maneja demasiado deprisa puede ser multado.

Algunas personas no obedecen las leyes. Alguien no respeta la ley si maneja demasiado rápido o no lleva el cinturón de seguridad abrochado. Alguien que roba o causa daños a otra persona tampoco respeta la ley. Quien no respeta la ley es castigado. Si alguien incumple gravemente las leyes puede ir a la cárcel.

Los oficiales de policía son empleados del gobierno estatal y local. Su trabajo consiste en garantizar la seguridad de las personas asegurándose de que nadie incumple la ley. Los oficiales de policía multan a las personas que no cumplen las normas de tráfico. También pueden arrestar a las personas que hayan cometido algún delito. Los delitos son actos que violan la ley.

Cuando se ha cometido un delito, la policía hace preguntas para averiguar lo ocurrido.

En un tribunal pasan muchas cosas durante un juicio. Un juez, (sentado junto a la bandera) preside el tribunal.

Las personas que son arrestadas pueden ir a **juicio** ante un tribunal. Partes de la Constitución protegen a las personas que son arrestadas. La Constitución dice que el gobierno debe proporcionar a todos un juicio justo. Un juez se asegura de que se hace justicia.

Un **jurado** es un grupo reducido de personas que, en un tribunal, decide si alguien ha violado la ley. Por lo general, el juez decide el castigo de una persona declarada culpable. Si durante el juicio se cometen errores, el juez puede ordenar que se celebre un nuevo juicio.

El trabajo del jurado es importante. Durante el juicio, los miembros del jurado deben escuchar atentamente todos los hechos.

CAPÍTULO 5

Cambiar las leyes

A veces, algunas personas piensan que una ley es injusta y pueden pedir al Congreso que la cambie. Hace algunos años, las leyes de algunos estados impedían a los afroamericanos ir a las mismas escuelas que los blancos.

Muchas personas protestaron contra esas leyes. Los tribunales declararon que esas leyes eran injustas. El Congreso aprobó nuevas leyes que establecían que todas las personas deben recibir el mismo trato.

La Constitución también puede ser modificada. Las **enmiendas** son cambios a la Constitución. Por medio de las enmiendas se han producido importantes cambios legales. Durante muchos años, las mujeres de Estados Unidos no podían votar. Las mujeres defendieron sus derechos y protestaron ante el Congreso. En 1920, el Congreso aprobó una enmienda que concedía a las mujeres el derecho al voto.

Hace años, las mujeres no tenían derecho a votar. Las mujeres lucharon por sus derechos hasta que lograron cambiar la ley.

Algunos estados y ciudades han aprobado leyes que prohíben a los estudiantes el uso de teléfonos celulares en la escuela.

Estados Unidos está cambiando continuamente, y con esos cambios surgen nuevos problemas. Las leyes cambian también para poder resolverlos y proteger nuestro modo de vida.

Glosario

Constitución de Estados Unidos: documento que expone cómo se gobierna Estados Unidos

enmienda: cambio a la Constitución de Estados Unidos

gobernador: jefe del gobierno de un estado

juicio: proceso oficial en el que un tribunal de justicia decide si alguien hizo algo ilegal

jurado: pequeño grupo de personas que decide durante un juicio si alguien ha violado la ley

proyecto de ley: propuesta para una nueva ley

rama ejecutiva: parte del gobierno que aplica las leyes

rama judicial: parte del gobierno que decide qué leyes son justas

rama legislativa: parte del gobierno que hace las leyes

representante: miembro de la Cámara de Representantes, una de las dos partes que forman el Congreso

senador: miembro del Senado, una de las dos partes que forman el Congreso

Más información

Páginas Web
Cómo se hacen las leyes
clerkkids.house.gov/laws/index.html
Esta página para niños de la Cámara de Representantes permite a los lectores seguir los pasos de un proyecto hasta que se convierte en ley.

¿Qué es la ley?
bensguide.gpo.gov/3-5/lawmaking/index.html
Esta página explica qué son las leyes y cómo se crean en Estados Unidos.

Nota de la editorial a los padres y educadores: Nuestros editores han revisado con cuidado las páginas Web para asegurarse de que son apropiadas para niños. Sin embargo, muchas páginas Web cambian con frecuencia, y no podemos garantizar que sus contenidos futuros sigan conservando nuestros elevados estándares de calidad y de interés educativo. Tengan en cuenta que los niños deben ser supervisados atentamente siempre que accedan a Internet.

Índice

Información sobre la autora

Jacqueline Laks Gorman creció en la ciudad de Nueva York. Estudió en Barnard College y en la Universidad de Columbia, donde recibió una maestría en historia de Estados Unidos. Jacqueline ha trabajado en muchos tipos de libros y ha escrito varias colecciones para niños y jóvenes. Vive en DeKalb, Illinois, con su esposo David y sus hijos, Colin y Caitlin. Se registró para votar cuando cumplió dieciocho años y desde entonces participa en todas las elecciones.

7/04